MÜELLİFİN BASILMIŞ ESERLERİ

1-Ehli Sünnetin Nazarı İ'tikâdın Ölçüsüdür
2-Mü'minin İstikameti Velînin Kerâmetidir
3-Sohbet ve Tesettürde Âdab
4-İnsan ve Vazifesi
5-Edeble Varış Lütufla Dönüş
6-İkinci Hutbenin Sonunda Okunan Ayetin Esrarı
7-Mufassal Medenî Ahlak
8-Tek Çare
9-Şübheden Hakîkate
10-Tebliğ
11-Şuur
12-Sevgi Bağı
13-İttibâ' Ehli Sünnete'dir
14-Olgunluk Günahtan Sakınmaktır
15-Cemaat
16-Özleşme Yolu
17-İnançlı Gençliğin Şuuru
18-Tevessül
19-Ölçüler
20-Ahlâkî Reçeteler
21-Kudsî Dualar
22-Müslime Genç Şuuru
23-Milliyetçilik Şuurumuz
24-Azizlerle
25-Tahkîm-i Sâdât Şerh-i Mişkât c.1,2,3
26-Terbiye-i Nefs
27-Size Sözüm Öz İnci Armağan
28-Tasavvuf ve Tevhîdde Parlak İnciler
29-Ta'lîm-i Asfiyâ'
30-Cana Can
31-Nasıl Olmalıyım?
32-Kalbin Diriltilişi
33-Yuvanın Yapılışı
34-Aşk (iki cild)
35-Bilgi Üzere İman
36-Bilir misin?
37-Edell-ul-Hayrât, Hamd, Senâ, Salavât
38-Müslümanım
39-Gencim Nereye?

NASIL OLMALIYIM?

İsmail Çetin

dilara YAYINLARI
Tel: 0.246. 232 33 21 - 232 53 09
Fax: 0.246. 223 84 20 PK. 101 - ISPARTA

40-Mü'minim
41-Tasavvuf
42-Âmentü
43-Bed'ul-Emâlî Şerhi
44-Evrâd-ı Bahâiyye'nin Tercüme ve Şerhi
45-Gönlümde Hikmet Pınarının Arısı
46-KENZ 1: Keler

MÜELLİFİN ARABCA ESERLERİ

١-مَصاف العلماء الاتقياء الاحبار الاخيار فى التوحيد والتوكل والتوسل بالانبياء والاولياء الابرار -مطبوع -
٢-الدرر العوالى لشرح بدء الأمالى -مطبوع -
٣-أنامل مسائل التوحيد -مطبوع -
٤-الدر النضيد فى التصوف والتوحيد -مطبوع -
٥-حكمة الانبياء بتعليم الاصفياء -مطبوع -
٦-الأنوار القدسية لشرح الأوراد البهائية
٧-أدل الخيرات فى التحميدات والثناء على الله والصلوات ومنتخبات الدعوات
٨-مِنْحَةُ المُعْطِى فِى شَرْحِ مَنْظُومَتَيِ القُطْبِ الجَيْلاَنِى وَالدِّمْيَاطِى -مخطوط - كلها عربية

İSTEME ADRESİ:

dilara YAYINLARI

Tel: 0.246. 232 33 21 - 232 53 09
Fax: 0.246. 223 84 20 PK. 101 - ISPARTA

ISBN: 978-9944-0856-2-5

BASKI, KAPAK, CİLT

dilara BASIMEVİ

Tel: 0.246. 232 33 21 - 232 53 09
Fax: 0.246. 223 84 20 PK. 101 - ISPARTA

Basım Yılı: 2013
Beşinci Baskı

MÜELLİF'İN KISA TARİHÇE-İ HAYATI

İsmail Çetin Hocaefendi 27 Şubat 1942'de Cuma günü Diyarbakır'ın Hazro Kazası'nda doğdu. Babası, "molla" lakablı Mahfuz'dur; dedesi, Kâdî Beydâvî üzerine bir haşiyesi bulunan Molla Süleyman'dır; annesi, Mesâbîh'i şerheden büyük âlimlerden Molla Reşîd'in kızı Râbia Hanım'dır.

İlim tahsiline Entak Köyü'nde kıraat ilmiyle başladı; Lice'de dedesi Molla Süleyman'ın talebelerinde ilim tahsiline devam etti; Hazro'ya dönerek Molla Derviş'ten ve Seyda Hacı Fettah'ın talebesi olan Molla Hâlid'den dersler aldı; öğrendiği ilimleri Hudur Köyü'nde Muhammed Hâce Sıddık'ta bir sene zarfında tekrar etti; Haleb ve Şam'da bulunan âlimlerden kıraat okuyarak beş kıraatten icaze aldı; senedleriyle birlikte birçok hadis ezberledi; on dört yaşında Türkiye'ye döndü; Diyarbakır'ın Çınar İlçesi'ne bağlı Has Köyü'nde Molla Mahmud'da tahsiline devam etti; Siirt'te bulunan Kayser Camisi imamlarından Üstad Tayyib'de metin ezberlerini tamamladı; Tillo'da Seyda Halil'den nahiv, Üstad Bedreddin'den ise münazara ilimleri hakkında dersler aldı; iki sene Tillo'da kaldıktan sonra mantık, belâğat, istiâre, vadı', âdab, münazara, kelam ilimlerini ve bazı felsefe kitablarını Patnoslu Üstad Molla

Yâsin'in yanında okuyarak tamamladı ve ilk ilim icâzesini aldı; daha sonra Ağrı'nın Balivar Köyü'nde Molla Hasan'dan mantık ve tefsir dersleri aldı; talim ve tecvidde Molla Hasan'a dersler verdi; sekiz ay Erzurum'da Sâkıb Efendi'den kelam dersleri aldı; Şirvan'da Molla Muhammed Kâsım'ın yanında altı ay tahsiline devam ederek icaze aldı; zamanın Diyanet Reisi Ömer Nasuhi Bilmen'de "Muvazzah İlm-i Kelam" kitabını okudu; Üstad Molla Muhammed Zivingî'de de okuyarak ilim icazesi aldı; ayrıca devrin büyük âlimlerinden Abdurrahman Buluntu Efendi'nin yanında altı ay kalarak tefsir kitabı "Kâdî Beydâvî"den icaze aldı; askerliğine kadar Bilvânis'te olmak üzere çeşitli yerlerde Seyyid Abdulhakîm el-Hüseynî (Ğavs) Hazretleri'nin emriyle müderrislik yaptı; askerliğinden sonra dayısı Şeyh Muhammed Masum'un kızı ile evlendi.

Tasavvufî olarak ilk dersini yedi yaşında Nurşinli Şeyh Ma'şûk'tan aldı; gençlik döneminde Seyyid Abdulhakîm el-Hüseynî Hazretleri'ne intisab etti, bir dönem vekilliğini yaptı, amelini tamamladı, hilafet aldı; onun halifesi olduğunu, fitneye sebebiyet vermemek için, ömrü boyunca gizledi. İsmail Çetin Hocaefendi 1973 yılında intisab ettiği Medineli Şeyh Abdulğafûr el-Abbâsî Hazretleri'nin oğlu Şeyh Abdulhak Hazretleri'nden 1976 yılında hac mevsiminde Nakşibendî, Kâdirî, Kübrevî, Sehreverdî ve Çiştiyye Tarîkatlerinden ve 2000 yılında Kâdirî şeyhlerinden olan kayınbabası Şeyh Muhammed Ma'sûm Hazretleri'nden hilafet aldı.

Seyyid Abdulhakîm el-Hüseynî Hazretleri'nin emriyle 1971 senesinde geldiği Isparta'da Göndürle (Harmanören) Köyü'nde bir müddet imamlık yaptı. Sonrasında imamlıktan istifa ederek Isparta'ya yerleşti ve yıllar içinde Dilara Yayıncılığı kurdu. İlki "Ehli Sünnetin Nazarı İ'tikâdın Ölçüsüdür" kitabı olmak üzere, kırk beşi Türkçe, yedisi Arabca elli iki eseri yayınlandı. 1995 yılı sonunda sağlık sorunlarından dolayı Antalya'nın Aksu İlçesi'ne yerleşerek ilmî çalışmalarını, hayatının sonuna kadar burada devam ettirdi.

Bütün varlığını İslam ve gençlere vakfeden Üstad İsmail Çetin Hazretleri, ilmin vakarı ve ağırlığıyla, tevâzu' kanatlarını yere gererek hayatını Ehli Sünnet vel'Cemaatin itikadını yaymaya, insanların kalblerine yerleştirmeye, yine Ehli Sünnet itikadının savunucusu olarak ilim, irşad ve bunların ışığı altında gençlerin yetişmelerine, iyi insan olmalarına ve iyi insan yetiştirmelerine adadı. Hiçbir zaman şöhreti sevmeyen İsmail Çetin Hocaefendi: "Şöhret başa beladır." diyerek, şöhretten hayat boyu sakındı. Hastalığının en şiddetli zamanlarında dahi te'lifâtı ve tedrîsâtı, Müslümanlarla hasbihal etmeyi aslâ bırakmadı. Öğrenciden alınan ücretle ilmin bereketinin kalmayacağını söyleyerek öğrettiği mukabilinde hiçbir sûrette ücret ve hediye kabul etmedi. Vefatına kadar Ehli Sünnet vel'Cemaat dışında hiçbir zümre ve meşrebin adamı olmadı; Müslümanların arasında parti, mezheb, meşreb ayrımı gözetmeksizin her Müslümanı kucakladı. Halihazırda dünyanın çeşitli yerlerinde yetiştirmiş olduğu birçok talebesi vardır.

1980 ihtilalinde kendi tabiriyle "Medrese-i Yûsûfiyye"de yakalandığı astım ve bronşit hastalıkları zamanla KOAH hastalığına dönüştü; 2000 yılından itibaren hastalığı ilerledi; son olarak 9 Mayıs 2011 tarihinde kaldırıldığı Isparta Gülkent Devlet Hastanesi'nde, 17 Haziran 2011 Cuma günü sabah namazı vaktinde Allah Teâlâ'ya kavuştu. Isparta'da yaptırıp hizmete sunduğu Dilara Cami ve Külliyesi'nin yanındaki Akyol Mezarlığı'nda medfundur.

Allah Teâlâ minnet ve keremiyle onun tertemiz sırlarını yüceltsin, cesedine ve cesedinin yatağı olan toprağına rahmet ve rızalarını bolca akıtsın, cennetlerinin ortasında iskanlandırsın, ilminden bizi faidelendirsin, ilminin bereketlerini üzerimize akıtsın. Âmîn.

بِسْمِ اللّٰهِ الرَّحْمٰنِ الرَّحِيمِ

اَلْحَمْدُ لِلّٰهِ رَبِّ الْعَالَمِينَ
وَصَلَّى اللّٰهُ وَسَلَّمَ عَلَى سَيِّدِنَا مُحَمَّدٍ سَيِّدِ الْمُرْسَلِينَ وَعَلَى
اٰلِهِ وَصَحْبِهِ اَجْمَعِينَ

BUGÜN MÜSLÜMAN OLARAK BEN NASIL OLMALIYIM?

CEVAB: ĞARÎB VE KARÎB OLMALIYIZ; ĞARBÎ VE KABRÎ OLMAMALIYIZ.

Eveet, başlangıçta İslam Dîni bir ferdden yani Muhammed sallallâhu Teâlâ aleyhi ve sellem'den başladı; tek tek insanlar davetine icabet ettiler.

Davetine icabet edenler: İman, Allah Subhânehu ve Teâlâ'nın dînine teslim olmak, yani Müslümanlık, insanlara karşı son derece samîmî olmak gibi güzel ahlaka büründüler.

Buna icâbet eden Müslümanlar, tek tek çok uzaktan parmakla gösterilirlerdi. Sâir insanlar onlara bakıp hayran olurlardı.

Kimisi kıskançlık akrebinin zehirine yakalandı, iğrendi; onlarla alay etmeye başladı.

Kimisi de o güzel ahlak, hal ve yaşantılarına bakarak imrendi. Zaten kendileri, bütün insanları imrendirmeye sevk ederlerdi. Ama meydan okumakla değil, güzel ahlaka bürünmekle, taat ve ibadetle meşğul olmakla insanları imrendirirlerdi. Yani doğru söz söylemeyi, dürüst muamele yapmayı prensip ve âdet edindiler.

Nebî sallallâhu Teâlâ aleyhi ve sellem Dîni, onların hal, ahlak ve yaşantılarını ve İslamiyeti kabul etmelerini, dilleri ve örf âdetleri bilinmeyen ğarîb bir memlekete düşen bir ğurbetçiye benzeterek: بَدَأَ الإِسْلاَمُ غَرِيبًا **"İslam Dîni, örnek olmak hasebiyle ğarîb olarak başladı."** buyurdu.

Burada İslamın zuhur ettiği ğurbet diyarını tanımalıyız: İslamın zuhurundan önce Arablar vahşet halinde yaşamaktaydılar. Bu vahşet hali Arablara mahsus olmayıp bütün dünyayı kapsamış bir vahşetti.

Roma Devleti'nde «hırs» ğalebe çalmıştı.

Hırs: servet, riyâset gibi güçleri, ilmi şahıslara tahsis etmek, ğayrini alçak görmek demektir, her türlü hileyi kullanıp serveti avlamaktır. Bugünkü kibar ismi «Kapitalizm»dir.

Pers Devleti'nde «hased» ğalebe çalmıştı.

Hased: varlıklıların sahib oldukları serveti ellerinden almaya çalışmaktır, yani servetleri umuma dağıtmaktır. Bugünkü kibar ismi «Sosyalizm»dir. Bunlara göre her şey herkesindir. Herkes de devletindir. Herkes devlettir, demektir.

Hırslı kimseler riyâseti ele geçirince, reâyâyı ayaklandırmaya çalışırlardı.

Kıskanan, hased eden kişiler riyâseti ele geçirince, reâyâyı ayaklandırmaya çalışırlardı.

Hâsılı üste gelen sabit, reâyâ harekette. Her iki sistemde de, sükûnu da hareketi de idare eden, servet sahibleriydi.

Arab gibi Pers ve Roma'ya tâbi' olmayan insanlar, hırslıların zulmünden hasedcilere, hasedcilerin zulmünden hırslılara sığınırlardı.

Böylece dünya, bir av ve avcılık manzarasını andırırdı; öldürmeler, çalmalar, namusun paylaşılması, fuhuşun revac bulması yerleşip yaygın hale gelmişti. Neredeyse üryan Ka'benin tavaf edilmesi ibadet sayılıyordu.

İşte bu manzarada Muhammed sallallâhu Teâlâ aleyhi ve sellem, Allah Subhânehu ve Teâlâ'dan aldığı vahiyle halkı, insanları hidayete, Tevhîde davet etti.

Daveti çok ğarîb olduğu gibi davetine icabet edenler de çok ğarîb idiler. Muhammed sallallâhu Teâlâ aleyhi ve sellem'in davetine icabet eden Müslümanlar yani ashab-ı kiram,

1-İman ve ihlas şartıyla takva, yani Allah Teâlâ'nın yasaklarından kaçmak, emrlerini yerine getirmek,

2-Bütün amaçları Allah Teâlâ'nın rızasına bağlayarak bütün menfaatleri, mükafatları Allah Teâlâ'dan dilemek,

3-Taat ve ibadetleri icra etmekte, doğru söz söylemekte, dürüst alışveriş yapmakta, hiçbir kınayıcının kınamasından korkmamakta, hiçbir zulüm ve tecebbüre girmemekte sabır,

4-Doğru ve hakka mutabık inanması gibi söylemek ve söylemesi gibi yaşamak yani sıdk,

5-İslam Dînine aykırı tüm örf ve âdetlerden temizlenmek,

6-Mahluktan karşılığını beklemeksizin mevcud olan maldan az çok Allah yolunda harcamak yani infak,

7-Yapılan hatalardan, günahlardan dolayı yahud ğaflet yahud eksiklik halinde ödenen taat ve ibadetten, her üç saatte bir kere, özellikle seher vaktinde yani fecirle güneşin doğuşu arasında istiğfar etmek vasıflarıyla «ğarîb» olarak tanındılar.

بَدَأَ الإِسْلَامُ غَرِيبًا **"İslam, beğenilip parmakla gösterilen ğarîb = örnek olarak peydâ oldu = neş'et etti."** Hiç benzeri olmaksızın İslam Dîni başlayıp ortaya çıktı. وَسَيَعُودُ كَمَا بَدَأَ **"Ve son zamanda da elbette başlangıçta peydâ ve neş'et olunması hali gibisine dönecektir."**

اَلْمُسْلِمُ إِمَّا غَرِيبٌ فَقَرِيبٌ مِنَ اللّٰهِ وَإِمَّا غَرْبِيٌّ فَغَبْرِيٌّ

Müslüman ya ğarîbdir; Allah'a karîbdir. Ya da ğarbîdir, ğabrîdir, yani helak olmuştur.

İtikadda ğarbî olursa kafirdir. Tabiat ve ahlakta ğarbî olursa, nifak şubelerinden bir şubededir. Giyim kuşamda ğarbî olursa, büyük bir tehlikededir. Çoğu zaman dış içe inkilab eder. Takva bir kimse fâsıkların giyim kuşamında bulunsa, fâsık olabilir. Aynı zamanda fâsık, takva sahibi gibi giyinse şekâvetten kurtulabilir; لَا يَشْقَى بِهِمْ جَلِيسُهُمْ **"...onlarla düşüp kalkan aslâ şakî olmaz...."** kabilesindendir.

Zikredilen bu yedi hasletle beraber Müslüman ğarîbler:

1-Sık sık tevbe ederler.

2-Allah Teâlâ'ya ibadet etmekte sebat ederler.

3-Allah Teâlâ'ya hamd-u senâda bulunurlar.

4-Allah Teâlâ için oruç tutarlar, rûhî temizlikte bulunurlar.

5-Topluca cemaatle namaz kılarlar.

6-Allah Teâlâ'nın hoşnut olduğu şeyleri söylerler.

7-Allah Teâlâ'nın hoşnut olmadığı şeylerden vazgeçirirler.

8-Allah Teâlâ'nın çizdiği hududları korurlar, yani haramı haram olarak tanırlar ve haramdan uzak dururlar.

Bu on beş haslet kimde bulunursa, işte o ğarîbdir; karîbdir. Kur'ân-ı Kerîm'de bu hasletlerle yaşayan Mü'minlere müjdeler vardır; mesela Et-Tevbe Sûresi'nin 112, El-Ahzâb Sûresi'nin 47, Es-Saff Sûresi'nin 13. ayetlerinde ve daha birçok yerlerde. Bundan böyle Peygamberimiz sallallâhu Teâlâ aleyhi ve sellem de son zamanda bu on beş haslet itibarıyla yaşayan ferd ya da toplumu فَطُوبٰى لِلْغُرَبَاءِ **"Mutluluk ve müjdeler ğarîb yaşayanlara mahsustur."** buyurarak müjdelemiştir.

Bu tür ğarîbler de hadîs-i şerîfte: وَهُمُ الَّذِينَ يُصْلِحُونَ مَا اَفْسَدَ النَّاسُ مِنْ بَعْدِى مِنْ سُنَّتِى **"Ve ğarîb**

kimseler de öyle Müslümanlardır ki, Benden sonra dinden halkın terk ettikleri sünneti = şeriati, en azında yukarıda sayılan on beş hasletle düzeltirler = on beş hasletle amel ederek güzel ahlakla yaşarlar." diye vasıflanmıştır.

İbnu Mes'ûd radıyallahu Teâlâ anhu diyor ki: خَطَّ لَنَا رَسُولُ اللّٰهِ صَلَّى اللّٰهُ عَلَيْهِ وَسَلَّمَ خطًّا ثُمَّ قَالَ هٰذَا سَبِيلُ اللّٰهِ ثُمَّ خَطَّ خُطُوطًا عَنْ يَمِينِهِ وَعَنْ شِمَالِهِ وَقَالَ هٰذِهِ سُبُلٌ عَلَى كُلِّ سَبِيلٍ مِنْهَا شَيْطَانٌ يَدْعُو اِلَيْهِ وَقَرَاَ {وَاَنَّ هٰذَا صِرَاطِى مُسْتَقِيمًا فَاتَّبِعُوهُ} اَلاٰيَةَ

"Rasûlullah sallallâhu Teâlâ aleyhi ve sellem, bize dimdik bir çizgi çizdi; sonra: **"Bu Allah'ın yolu = misalidir."** dedi. Sonra sağında ve solunda eğri küçük çizgiler çizdi. Ve: **"İşte bu da yollardır. Her bir yol üzerinde halkı benliğine davet eden bir şeytan vardır."** buyurdu ve **{Gerçekte bu dimdik muhkem yolumdur. Ve ona uyun...}** mealindeki El-En'âm Sûresi'nin 153. ayetini okudu.

سَبِيلُ اللّٰهِ 'den murad, mukavemetli din ve dimdik olan yoldur, doğrusu, gerçek itikad ve salih ameldir. Bu ise adedlenmediği, birçok cihetleri olmadığı için hak ve gerçektir. Ancak cihetlerinin değişikliği, derece ve makam itibarıyladır ki, ilim ve ameli ile ahiret yolunun yolcusu onda sülûk eder, yükselir. Artık ayağı ondan kayan, yüksek mertebelerden düşüşü nisbetinde yoldan sapmış olur = maksadından geri kalır. Şu halde: "Herkes sırât-ı müstakîm üzerinde olduğunu iddia eder. Kişinin sırât-ı müstakîm üzerinde olmasının şahidi nedir?" diye sorulursa,

Şöyle cevab veririz: Bu iş iddiayla değildir, yahud da kısır vehmi kullanmakla da değildir, bâtıl sözle de değildir. Bilakis hak ve doğru yolun üzerinde olmanın alâmeti, yine nakildir. Mesela kişinin ilmi, itikadı ve ameline bakılır:

Eğer ilmi ve ameli, yiğit ve işin erbâbı olan hadis ve fıkıh âlimlerimizin ve ilk üç asırda yaşayan imamlarımızın sözlerine muvafık ise, hak ve doğru yol üzerindedir, demektir.

Muhalif ise, muhalefeti nisbetinde yoldan sapmıştır, demektir.

Başta yiğit dört büyük İmam, bir de yiğit İmam Buhârî, Müslim ve Abdullah İbni Mubârek gibi kendilerine itimad edilen zevatlar olmak üzere hadis ulemâsı, Nebî sallallâhu Teâlâ aleyhi ve sellem'in ashâbının, ashâbından Muhâcir ve Ensarlarının ve bunlara tıpatıb itikad ve amelde uyan tâbi'lerinin sözlerini, hal yaşantılarını, fiillerini, hareket ve sükûnetlerini kitablarında tesbit ettiler.

Sonra tesbit ettikleri müşkül lafızları ve müşkül lafızların manalarını, başta Abdullah İbni Mubârek, Ebû Süleyman Hattâbî, Muhyussünne el-Beğavî, Muhyiddîn Nevevî ve İmam Aynî olmak üzere yine birçok zevatlar izah ettiler. Lafzı tevâtür ve senedle naklettikleri gibi, lafzın hangi manada kullanıldığını da yine tevâtür ve senedle tesbit etmektedirler. Artık sözünde, fiilinde ve tavrında yani ahlakında bunlara muvafık, hak ve doğru yoldadır; muhalif ise sapmıştır, demektir. Ve binnetice hadîs-i şerîfteki خُطُوطًا = «hutûtan» = «sağdaki ve soldaki yan çizgiler»den murad ise, ehli bid'atin yollarıdır.

Bu hadîse binaen rahatlıkla diyebiliriz ki, dîne davet iki sûretledir:

Davetin birinci sûreti, ashâb-ı kirâmı ve ashabdan gelen meseleyi, senedini ve hadis metnine ulemânın vermiş olduğu izahatı sarf-ı nazar ederek heva ve hevesine uyup, din vasıtasıyla halkı kendi benliğine davet ederek meseleyi izah etmek ve meseleye felsefî görüşleri karıştırmaktır.

Bu davetin ismi ister sağ olsun, ister sol, ne

olursa olsun, görüş sahibi ve görüşü, indî, aklî ve felsefî olduğundan, merduddur. Çünkü İslam Dîni hâlis, değerli bir madendir, karışımı kabul etmez. Bu itibarla ehli bid'atin yolları, sağa sola meyilli, ifrat ve tefrit içerisinde tahakkuk eder = gerçekleşir; birçok taksîratlar, birçok şerre meyil ve haddi aşmakla vasıflanır. Bu vasıfta olanlar ve bu tip davetçiler, doğrusu kendi benliğine davet edenler, وَمَنْ اَضَلُّ مِمَّنِ اتَّبَعَ هَوَاهُ بِغَيْرِ هُدًى مِنَ اللّٰهِ **"...Allah'tan bir yol göstermek olmaksızın kendi heva ve hevesinin peşine düşen kimseden daha sapkın kim var?..."** mealindeki El-Kasas Sûresi'nin 50. ayet-i kerîmesiyle şiddetle zemmolunmaktadır.

Dîne davetin ikinci sûreti, sadece ihlas ve teslimiyetle kendi benliğini ortadan kaldırıp, halkı dînin benliğine, ashabdan sahih senedle gelen hadîse ve hüküm olarak da ulemânın metne vermiş olduğu izahata davet etmektir. Hak ve doğru yol da budur. Çünkü hadis metinleri senedle geldiği gibi, lüğat ve ıstılah olarak metne verilen mana da sened ve tevâtürle zamanımıza kadar devam edegelmektedir. Buna uyana güven bağlanılır; uymayana güven bağlanılmaz.

Ehli Sünnet vel'Cemaatin hepsi bu yolda sebatla sülûk ettiler, ifrat ve tefritten sakındılar; akıllarını, heva ve heveslerini, istek ve arzularını, Rasûlullah sallallâhu Teâlâ aleyhi ve sellem'in istek ve arzularına uydurdular, benliğine davet ettiler; ve böylece لاَ يُؤْمِنُ اَحَدُكُمْ حَتّٰى يَكُونَ هَوَاهُ تَبَعًا لِمَا جِئْتُ بِهِ **"Sizden biriniz, hevâsı = istek ve arzusu, onunla gelmiş olduğum hükümlere tıpatıb uyuncaya kadar iman etmiş olmaz."** emr-i şerîfine uydular. Yani akıllarını, istek ve arzularını, ashab, tâbiîn ve tebe'-i tâbiîn vasıtasıyla gelen, Nebî sallallâhu Teâlâ aleyhi ve sellem'in hadislerinin peşine düşürdüler, sözlerini anlamaları için akıllarını kullanıp aracı ettiler; hadîsin esas hükmünce Allah Teâlâ'nın rızasının kazanılmasını amaç edindiler.

Biz dahi aklımızı kullanarak o büyük imamların sözlerini anlamaya çalışmalı, ona göre de amel etmeli, ihlas üzere buna devam etmeliyiz. Bir de Et-Tevbe Sûresi'nin112, El-Ahzâb Sûresi'nin 47, Es-Saff Sûresi'nin 13. ayet-i kerîmelerinin ve daha birçok ayet-i kerîmelerin ve طُوبٰى لِلْغُرَبَاءِ **"Mutluluk ve müjdeler ğarîb yaşayanlara mahsustur."** hadîsinin tebşir ettikleri ğarîb Mü'minlerden olmalı ve onlara karîb olmuş olmalıyız.

Ğarîb olursak bile şartlar ne olursa olsun, çocuklarımızla ilgilenmiş olmalıyız, yetiştirmiş olmalıyız. Çünkü hadîs-i şerîfte: اَدِّبُوا اَوْلاَدَكُمْ عَلَى

ثَلاَثِ خِصَالٍ حُبِّ نَبِيِّكُمْ وَحُبِّ اَهْلِ بَيْتِهِ وَقِرَاءَةِ الْقُرْاٰنِ

فَاِنَّ حَمَلَةَ الْقُرْاٰنِ فِى ظِلِّ اللّٰهِ يَوْمَ لاَ ظِلَّ اِلاَّ ظِلُّهُ مَعَ

اَنْبِيَائِهِ وَاَصْفِيَائِهِ **"Çocuklarınızı üç haslet üzerine edeblendirin: Nebînizin sevilmesi, ehli beytinin sevilmesi, Kur'ân'ın güzelce okunması üzerine edeblendirin. Çünkü Kur'ân'ı ezberleyerek taşıyanlar, hiçbir gölgenin olmadığı günde Nebîler ve Allah'ın saf kullarıyla beraber Allah Teâlâ'nın gölgesindedirler."** buyrulmaktadır. Yani Arş'ın gölgesindedirler.

Çocuklarımız hakkında elzem vazifelerimizden biri, onları yetiştirmektir.

Mesela çocuklarımıza: Rızkımızı veren, bizi yaratan, böylece şu görülen varlıkları yaratan, yaşatan, yeşerten Allah Teâlâ'dır. Allah Teâlâ ruhumuzdan bize daha yakındır. O'nun doksan dokuz isimleri vardır, diye gerekli olarak öğretmiş olmalıyız.

Allah Teâlâ bizi kontrol etmektedir, bizimle

beraberdir, O'na namaz kılmamız, O'nun için oruç tutmamız gereklidir, diye öğretmiş olmalıyız.

Bunca varlıkları yaratan Allah Teâlâ Rabb'imizdir. Elimize bir nimet ulaşırsa اَلْحَمْدُ لِلّٰهِ "**Elhamdu Lillah**" demeliyiz. Allah Teâlâ doğru sözü söylemeyi sever, doğru sözü söyleyeni de sever.

Yalanı sevmez, hırsızlığı sevmez, çıplaklığı sevmez, içkiyi sevmez, bunları yapanı da sevmez.

Allah Teâlâ'yı sevindirirsek, bize huzur verecektir; kızdırırsak rızkımızı azaltır, bizi huzursuz kılacaktır, diye bunları gerekli olarak öğretmiş olmalıyız.

Geçmişte Müslümanlar çocuğun işitme kabiliyetini ilk meşğul eden şeyin ve çocuğun ilk işitmesinin Allah Subhânehu ve Teâlâ'nın ismi olması için, çocukların ismini "Abdullah, Abdurrahman, Abdullatif, Hüdâverdi..." koyarlardı.

Sonra اَشْهَدُ اَنْ لاَ اِلٰهَ اِلاَّ اللّٰهُ "**Eşhedu en lâ ilâhe illallâh**" kelimesini öğretmiş olmalıyız. Yani: Bu kainatı var eden Zât'ın isminin اَللّٰهُ **Allah** olduğunu, Kendisi'nden başka azabından korkulan, zâtıyla yahud nimetiyle sevilen ve Rabb olması sebebiyle tapınılan hiçbir ma'bûd yani tapınak olmadığını kalbimle tasdik edip dilimle ikrar etmekle birlikte, sesimle de şahidlik yapıyorum, demektir, diye gerekli olarak öğretmiş olmalıyız.

İkinci kez, وَاَشْهَدُ اَنَّ مُحَمَّدًا عَبْدُهُ وَرَسُولُهُ **"Ve eşhedu enne Muhammeden abduhu ve Rasûluhu"** kelimesini öğretmiş olmalıyız. Yani: Yine ben, Muhammed sallallâhu Teâlâ aleyhi ve sellem'in Allah Teâlâ'nın kulu ve elçisi olduğuna, hak ve doğru yolu insanlara göstermek için Allah Teâlâ'nın kendisini göndermesine, kalbimle tasdik edip dilimle ikrar etmekle birlikte sesimle de şahidlik yapıyorum, demektir, diye gerekli olarak öğretmiş olmalıyız.

Muhammed sallallâhu Teâlâ aleyhi ve sellem, Allah Teâlâ'nın yarattığı en sevgili kuludur, 571'de Mekke'de doğmuştur, 632'de Medîne'de vefat etmiştir.

Allah Teâlâ Onu çok sevmiştir. O da Allah Teâlâ'yı çok sevmiştir. Onun için biz de Onu çok sevmeliyiz.

Onun sevilmesi: emrlerinin yerine getirilmesi, hoşlanmadığı ve yasakladığı şeylerin terk edilmesi demektir. Ona boyun eğmek, dînini kabul etmek, insan oğlunun üzerine düşen farz yani çokça gerekli bir vazifedir, diye gerekli olarak öğretmiş olmalıyız.

Üçüncü kez, Allah Teâlâ sevgili kulu ve Rasûlü yani elçisi Muhammed sallallâhu Teâlâ aleyhi ve sellem'e Kur'ân-ı Hakîm'i indirmiştir. Kur'ân-ı Hakîm'in okunması, ezberlenmesi, manalarının öğrenilmesi ve hükümleriyle amel edilmesinden Allah Teâlâ hoşnut olur, yani razı olur. Onun için gücümüz yettiği kadar Kur'an'dan bir şeyleri ezberlemeliyiz. En az derecesi de, Fâtiha ile birlikte namazda okuyacağımız "**Elem tere**"den aşağı sûrelerdir, diye gerekli olarak öğretmiş olmalıyız.

Dördüncü olarak da, bize Kur'ân-ı Hakîm'i okumasını yahud manasını öğreten hocalarımızı candan sevmeliyiz. Peygamberimiz'in soyundan gelen ve dîni yaşamayı vazife edinenleri de Peygamberimiz'in hoşnut olması için sevmeliyiz, diye gerekli olarak öğretmiş olmalıyız.

اِحْفَظْ مَا بَيْنَ لَحْيَيْكَ وَمَا بَيْنَ رِجْلَيْكَ **"İki çene arasındaki şeyi, iki ayak arasındaki şeyi koru."**

ve: اِحْفَظُونِى فِى اَصْحَابِى وَاَصْهَارِى فَمَنْ حَفِظَنِى فِيهِمْ حَفِظَهُ اللّٰهُ فِى الدُّنْيَا وَالاٰخِرَةِ وَمَنْ لَمْ يَحْفَظْنِى فِيهِمْ

تَخَلَّى اللّٰهُ مِنْهُ وَمَنْ تَخَلَّى اللّٰهُ مِنْهُ اَوْشَكَ اَنْ يَاْخُذَهُ

"Ashabımın ve kayın babalarımın kadir ve kıymetlerini bilmekle beni gözetleyin, Bana hürmet edin. Sözüme de riayet edin. Bunların şeref ve haysiyetine riayet edin. Koruyanı Allah da dünya ve ahirette korur. Onların kadir ve kıymetini bilmeyen ve onlara riayet etmekle Beni korumayan yani riâyetsizlik yapan kimseden Allah Teâlâ yüz çevirir. Allah Teâlâ kimden yüz çevirirse, gecikmeksizin onu yakalar." diye buyrulan hadîs-i şerîfleri çocuklarımızın dimağlarına nakşetmiş olmalıyız.

Çocuklarımıza, Sevgili Peygamberimiz sallallâhu Teâlâ aleyhi ve sellem'in hizmetine giren ashâb-ı kirâmın Allah Teâlâ için her türlü belalara göğüs açtıklarını, mallarını ve canlarını Allah Teâlâ'nın yolunda harcadıklarını, yakınları ve uzaklarıyla Allah Teâlâ için çarpıştıklarını, Allah Teâlâ için yurtlarını ve her şeylerini terk ettiklerini, başlarına türlü belalar gelmesine rağmen imanlarında sabr-u sebat ettiklerini, başkalarının gücü yetmediği derecede ashâb-ı kirâmın Allah ve O'nun Rasûlü'nü sevdiklerini, Kur'ân-ı Kerîm'i en geniş manası ve hükümleriyle birlikte bize bildirdiklerini, böylece kapsamlı bir sûrette hadîs-i şerifleri bize bildirdiklerini, hiçbir kınayıcının kınamasından korkmadıklarını, vefatlarına kadar gittikçe dinlerine daha fazla sarıldıklarını gerekli olarak öğretmiş, dimağlarına nakşetmiş olmalıyız. Ve çocuklarımızın yetiştirilmeleri için ilk hazırlık da budur.

Gerek ilmihal gibi dîni vazifeleri ve gerekse sanat okulunda veyahud herhangi bir okulda okutmak için, yukarıda belirttiğimiz gibi başlangıçta bu temel öğretilir. Riâyet edilmezse çocuklar büyüdükçe yolları şaşırırlar, hak - bâtıl nereye gideceklerini seçemezler, bocalarlar; küfürle iman arasında, tembellikle çalışmak arasında yuvarlanıp giderler.

Hadîs-i şerîfte: عَلِّمُوا الصَّبِيَّ الصَّلاةَ إِذَا كَانَ ابْنَ سَبْعِ سِنِينَ وَاضْرِبُوهُ عَلَيْهَا إِذَا كَانَ ابْنَ عَشْرِ سِنِينَ **"Çocuğa yedi yaşında namazı öğretin, terk ederlerse on yaşında dövünüz."** buyrulmaktadır. Yani korkutun. Ana babaya bu vazifenin yerine getirilmesi farzdır. Ferd ve toplum olarak bu vazifeyi yerine getirmiş olmalıyız.

Diğer bir hadîs-i şerîfte: عَلِّمُوا أَبْنَائَكُمُ السِّبَاحَةَ وَالرَّمْىَ وَالْمَرْأَةَ الْمِغْزَلَ **"Çocuklarınıza yüzmeyi, ok atmayı öğretin, kız çocuklarınıza örgü örmeyi**

öğretiniz." buyrulmaktadır. Yani elişi, nakış dikiş gibi şeyleri, ev işini güzelce öğretin. Bu babda öğretmek farz olmasa bile fazilettir. Artık bizim zamanımıza göre şehir içerisinde yahud bir şehirden bir şehire gidilmesi için binmek âdet olan araçların güzelce sürülmesi, kullanılması öğretilmelidir. Gerekirse hafif silahların kullanılması da öğretilebilir; av tüfeğiyle avcılık yapmak gibi. İş, av ve avcılık için silah öğretimi farz yahud vacib yahud sünnet değil, ancak caizdir. Ama silah kullanmanın öğrenilmesinin vacib olması yahud da farz-ı kifâye olması asker hakkındadır. Türlü tehlikeler olduğu için askerliğin dışında silah kullanmanın öğrenilmesi ve öğretilmesi fazilet değildir, tavsiye de edilmez. Askere gidildiği zaman Müslüman, kendisine teslim edilen silahın kulllanılmasını güzelce öğrenmelidir. Öğrenmesinin vacib veya farz-ı kifâye olduğunu da unutmamalıdır.

Ve nihayet askerliğin dışında olsun, askerlikte olsun, silahın bulundurulması müstehab ise de, çocuklardan korunmamasının ve silahla şakalaşmanın haram olduğunu da unutmamış olmalıyız.

Bizler bir araya gelişimizde, gerek namazla

alâkalı sûreleri, gerek «Âmentü»yle yani imanla ilgili meseleleri, gerek güzel ahlak ve gerekse helal haram ve ilmihal bilgilerini ve özellikle doğru söz söylemenin ve dürüst alışverişin farz olduğunu gerekli olarak birbirimize öğretmiş olmalıyız.

Yanıldığımız yerde hatamızı, bilmediğimiz yerde öğrenmeyi kabul etmiş olmalıyız. Hata yapmanın, bilmediğimiz meseleleri öğrenmenin ayıb olmadığını; hatamızı görmemek ve bilmediğimiz yerde öğrenmememizin hata olduğunu bilmiş olmalıyız. Bilip de bilgisini kavminin seviyesine kadar inip öğretmeyen, dînî bir mesele öğretildiği takdirde öğretimi, öğütü kabul etmeyenler, gerek Kur'an'da, gerekse hadîs-i şerîflerde şiddetle zemmedilmektedir. Ezcümle Rasûlullah sallallâhu Teâlâ aleyhi ve sellem bir gün hutbe okurken Müslümanlardan bazı taifeleri övmüş, hayrla yadetmiş, sonra şöyle buyurmuştur:

مَا بَالُ اَقْوَامٍ لاَ يُفَقِّهُونَ جِيرَانَهُمْ وَلاَ يُعَلِّمُونَهُمْ وَلاَ يَعِظُونَهُمْ وَلاَ يَاْمُرُونَهُمْ وَلاَ يَنْهَوْنَهُمْ

وَمَا بَالُ اَقْوَامٍ لاَ يَتَعَلَّمُونَ مِنْ جِيرَانِهِمْ وَلاَ يَتَفَقَّهُونَ وَلاَ يَتَّعِظُونَ وَاللّٰهِ لَيُعَلِّمَنَّ قَوْمٌ جِيرَانَهُمْ وَيُفَقِّهُونَهُمْ

وَيَعِظُونَهُمْ وَيَاْمُرُونَهُمْ وَيَنْهَوْنَهُمْ وَلَيَتَعَلَّمَنَّ قَوْمٌ مِنْ جِيرَانِهِمْ وَيَتَفَقَّهُونَ وَيَتَّعِظُونَ اَوْ لَاُعَاجِلَنَّهُمُ الْعُقُوبَةَ

ثُمَّ نَزَلَ فَقَالَ قَوْمٌ مَنْ تَرَوْنَهُ عَنَى بِهٰؤُلاَءِ قَالَ الاَشْعَرِيِّينَ هُمْ قَوْمٌ فُقَهَاءُ وَلَهُمْ جِيرَانٌ جُفَاةٌ مِنْ اَهْلِ الْمِيَاهِ وَالاَعْرَابِ فَبَلَغَ ذَالِكَ الاَشْعَرِيِّينَ فَاَتَوْا رَسُولَ اللّٰهِ صَلَّى اللّٰهُ عَلَيْهِ وَسَلَّمَ فَقَالُوا يَا رَسُولَ اللّٰهِ ذَكَرْتَ قَوْمًا بِخَيْرٍ وَذَكَرْتَنَا بِشَرٍّ فَمَا بَالُنَا

فَقَالَ لَيُعَلِّمَنَّ قَوْمٌ جِيرَانَهُمْ وَلَيَعِظُنَّهُمْ وَلَيَاْمُرُنَّهُمْ وَلَيَنْهَوُنَّهُمْ وَلَيَتَعَلَّمَنَّ قَوْمٌ مِنْ جِيرَانِهِمْ وَيَتَّعِظُونَ وَيَتَفَقَّهُونَ اَوْ لَاُعَاجِلَنَّهُمُ الْعُقُوبَةَ فِى الدُّنْيَا

فَقَالُوا يَا رَسُولَ اللّٰهِ اَنُفَطِّنُ غَيْرَنَا فَاَعَادَ قَوْلَهُ عَلَيْهِمْ فَاَعَادُوا قَوْلَهُمْ اَنُفَطِّنُ غَيْرَنَا فَقَالَ ذَالِكَ اَيْضًا فَقَالُوا اَمْهِلْنَا سَنَةً فَاَمْهَلَهُمْ سَنَةً لِيُفَقِّهُوهُمْ وَيُعَلِّمُوهُمْ وَيَعِظُوهُمْ ثُمَّ قَرَاَ رَسُولُ اللّٰهِ صَلَّى اللّٰهُ عَلَيْهِ وَسَلَّمَ هٰذِهِ الاٰيَةَ {لُعِنَ الَّذِينَ كَفَرُوا مِنْ بَنِى اِسْرَائِيلَ عَلَى لِسَانِ دَاوُدَ وَعِيسَى ابْنِ مَرْيَمَ ذَالِكَ بِمَا عَصَوْا وَكَانُوا يَعْتَدُونَ كَانُوا لاَ يَتَنَاهَوْنَ عَنْ مُنْكَرٍ فَعَلُوهُ}

"Ne oluyor şu kavme! Nefsin aleyhinde ve lehinde olan şeylere komşularının akıllarını erdirmiyorlar. Ehemmiyetle helal haram bilgilerini onlara öğretmiyorlar. Ehemmiyetle onlara öğüt vermiyorlar. Allah'ın hoşnut olduğu şeyleri ehemmiyetle onlara emretmiyorlar. Allah'ı kızdıracak şeylerden ehemmiyetle onları vazgeçirmiyorlar.

Ne oluyor şu kavme! Ehemmiyetle helal haram bilgilerini komşularından öğrenmeyi kabul etmiyorlar. Komşularından nefsin aleyhinde lehinde olan şeylerin bilgilerini dikkat edip öğrenmeyi kabul etmiyorlar. Onlardan öğüt kabul etmiyorlar.

Allah'a Andolsun! Ya bir kavm komşularına öğretecekler, dikkatle onların akıllarını erdirecekler, onlara öğüt verecekler, Allah'ın hoşnut olduğu şeyleri onlara emredecekler, Allah'ı kızdıran şeylerden onları vazgeçirecekler; aynı zamanda bir kavm komşularından öğrenmeyi kabul edecekler, nefsin aleyhinde lehinde olan şeylere dikkat ederek kulak asacaklar, komşularından öğütleri kabul edecekler, yahud da Ben gecikmeksizin kendilerini cezalandıracağım."

Sonra minberden indi. Akabinde bunu işitenlerden bir kısmı: "O kavmle kimi kasdettiğini bilir misiniz?" diye birbirlerinden sordular;

kavmin, Eş'arîler Kabîlesi olduğuna karar verdiler. Derken şöyle dediler: "Zemmedilenler, Eş'arî Oğulları'dır. Çünkü onların bir kısmı dinde anlayış sahibi, helal haramı bilen bir kavmdir. Ve diğer bir kısmı da, onların su başına konan bedevî komşularıdır."

Birinci kısmı öğretmemekle, ikinci kısmı öğrenmeyi kabul etmemekle zemmedilmiştir.

İş bu hâdise Eş'arîlere ulaştı. Rasûlullah aleyhissalâtu vesselâm'a geldiler, akabinde şöyle dediler:

"Ya Rasûlallah, bir kavmi hayrla zikrettin, bizi ise şerle zikrettin. Bizim hatamız nedir?" Akabinde Rasûlullah sallallâhu Teâlâ aleyhi ve sellem şöyle buyurdu:

"Allah'a Andolsun! Ya bir kavm komşularına öğretecekler, dikkatle akıllarını erdirecekler, onlara öğüt verecekler, Allah'ın hoşnut olduğu şeyleri onlara emredecekler, Allah'ı kızdıran şeylerden onları vazgeçirecekler; aynı zamanda bir kavm komşularından öğrenmeyi kabul edecekler, nefsin aleyhinde lehinde olan şeylere dikkat ederek kulak asacaklar, komşularından öğütleri kabul edecekler, yahud da Ben gecikmeksizin dünyada kendilerini cezalandıracağım." Akabinde Eş'arîler şöyle dediler:

"Ya Rasûlallah başkalarımızı biz mi akıllandıracağız?"

Peygamber sallallâhu Teâlâ aleyhi ve sellem onlara sözünü tekrar etti.

Eş'arîler de: "Başkalarımızı biz mi akıllandıracağız?" sözünü tekrarladılar.

Peygamber sallallâhu Teâlâ aleyhi ve sellem tekrar bu sözünü söyledi. Bunun üzerine Eş'arîler:

"Bize bir sene mühlet ver." dediler.

Peygamber sallallâhu Teâlâ aleyhi ve sellem, nefsin aleyhinde ve lehinde olan şeylere komşularının akıllarını erdirmeleri, ehemmiyetle helal haram bilgilerini onlara öğretmeleri, ehemmiyetle onlara öğüt vermeleri için kendilerine bir sene mühlet verdi. Ve sonra: "**İsrâil oğullarından kafir olanlar, Dâvûd ve Meryem oğlu Îsâ'nın dilleri üzere lanetlenmişlerdi. Bunun sebebi de isyanda bulundukları iş ve hadlerini aşmalarıydı. Onlar işledikleri kötülükten birbirini vazgeçirmeye çalışmazlardı...**" mealindeki El-Mâide Sûresi'nin 78 ve 79. ayetlerini okudu.

Bizler öncelikle Allah ve O'nun Rasûlü'ne kendimizi sevdirmiş olmalıyız, rızalarını taleb etmiş olmalıyız. Ve ikinci olarak her birimiz, nefsimizin aleyhinde ve lehinde olan şeylere kendi aklımızı ve diğerimizin aklını erdirmekle, helal haram ilmini öğrenip öğretmekle, öğüt verip kabullenmekle, Allah'ın hoşnut olduğu şeyleri emredip emri kabul etmekle, Allah'ın yasak ettiği şeylerden uzaklaştırıp uzaklaşmayı kabul etmekle kendimizi kardeş ve arkadaşımıza sevdirmiş olmalıyız. Ve böylece her birimiz diğerine fevkalâde her türlü hayrı toplamış olmalıyız, ki ciddi Mü'min ve Müslüman olmuş olalım. Nitekim اَلدّينُ النَّصِيحَةُ **"Gerçekte tanımış olduğunuz din nasihattir."** hadîsinde Peygamber sallallâhu Teâlâ aleyhi ve sellem dinde özün, sözün, fiilin özleşmesini balın, yağın, buğdayın, altının özleşmesine benzeterek: **"Din ğayrinden sevgiyi kazanmak ve her türlü hayrı toplamaktır."** buyurunca, ashab radıyallâhu Teâlâ anhum:

لِمَنْ يَا رَسُولَ اللّٰهِ "Ya Rasûlallah, kime kendimizi sevdirelim ve kime hayrı toplayalım?" dediler. Bunun üzerine:

لِلّٰهِ وَلِكِتَابِهِ وَلِرَسُولِهِ وَ لِاَئِمَّةِ الْمُسْلِمِينَ وَعَامَّتِهِمْ

"Öncelikle Allah'a, O'nun Kitabı'na ve Rasûlü'ne kendinizi sevdirmelisiniz ve her türlü hayrı dilemelisiniz. İkinci olarak da, Mü'min ve Müslüman olarak iş başına gelen Müslüman

imamlarınıza yani din ve dünya liderlerinize kendinizi sevdirmiş olmalısınız. Sonra cemaat olarak her bir ferd, diğerine kendini sevdirmiş olmalıdır." diye buyurdu.

Allah Teâlâ'ya kendimizi sevdirmemiz için, şirk ve küfrün bırakılması şartıyla Celal ve Kemal sıfatlarıyla Allah Azze ve Celle'yi vasıflamakla ve Zât-ı Şerîfi'ni, isimlerini, sıfatlarını bütün noksanlıklardan tenzîh etmekle beraber O'na itaat etmeli, âsi olmaktan kaçınmalı, Allah için sevmeli, Allah için buğzetmeli, O'na itaat edenlere muzâheret = yardımda bulunmalı, isyan edenlere husûmet = düşmanlık yapmalı, küfredenlerle cihad etmeli = savaşmalı, nimetlerini itiraf ile şükürde bulunmalı, her işimizde ihlas ve samimiyet göstermeli, bütün bu sayılan vasıflara davet ve teşvik etmeli, bu hususta bütün insanlara yahud mümkün olanlara lütuf göstermeliyiz.

Allah Teâlâ'nın Kitabı'na karşı özleşmemiz, doğrusu kendimizi Allah Teâlâ'nın Kitabı'yla özleştirmemiz için, Onun Allah'ın kelamı olduğuna, Onu Allah'ın indirdiğine, kul sözlerinin hiçbirinin Ona benzemediğine, kullardan hiçbirinin Onun benzerini getiremeyeceğine ve hükümlerinin hak olduğuna inanmalı, sonra Ona tazimde bulunmalı, Onu tecvid ve adabına riayet, harflerine dikkat ederek huşû' ile okumalı, düşmanların tahrifine ve Ona dil uzatanlara karşı müdafaada bulunmalı, Kur'ân-ı Kerîm'de beyan buyrulan her şeye inanarak tasdik etmeli, ahkâmına vâkıf olmaya çalışmalı, umum ve husus meselelerini anlamaya çalışmalı, nasihatlerinden ibret almalı, acâib ve ğarâibi hususunda tefekküre dalmalı, muhkem ayetleriyle amel, müteşâbih olanlarını tasdik etmeli, güçlü olunursa umumunu, hususunu, nâsih ve mensûhunu araştırmalı, Kur'an ilimlerini neşir ve o ilimleri, o nasihatleri öğrenmeye davet etmeliyiz.

Rasûlullah sallallâhu Teâlâ aleyhi ve sellem'e kendimizi sevdirmemiz, her türlü hayrı kendimize ve Ona toplamamız için, Onun peygamberliğini tasdik ile getirdiği şeylerin hepsine iman etmeli, emr ve nehiylerinde Ona itaat etmeli, hayat ve vefâtında Ona muzâherette = yardımda bulunmalı, Ona yardım edenleri desteklemeli, düşmanlarına düşmanlık yapmalı, Ona ta'zimde bulunmalı, sünnetini ihyâ' etmeli, davasını = şeriatini neşretmeli, şeriatin haram gösterdiği şeylere değer vermemekle onun ilimlerini öğrenmeli, manalarını anlamalı ve bunları başkalarına da öğretmeli ve tebliğ etmeli, okur ve öğretirken ilme hürmetkâr davranmalı, terbiye ve nezaket dairesinde okumalı, bilmediği bir ilim hakkında söz söylememeli, şeriatini taşıyan ulemâya hürmet ve tazimde bulunmalı, Peygamber sallallâhu Teâlâ aleyhi ve sellem'in ahlak ve adabıyla ahlaklanmalı, Onun ehli beytini ve ashâbını aşırı derecede sevmeli, sünnetinde bid'atçilik eden veya ashâb-ı kiramdan birine dil uzatanların semtinden kaçmalıdır.

Müslüman imamlara kendimizi sevdirmemiz ve onlara fevkalâde her türlü hayrı toplamamız için, onların hükümdar ve kumandanlarına özel ifadeyle ulu-l-emre itaat, hak uğrunda kendilerine yardım etmeli, haktan ayrılmamalarını uyarmalı, unuttukları şeyleri veya henüz duymadıkları Müslüman haklarını taleb etmede lütf-u nezaketle ihtarda bulunmalı, onlara isyan etmemeli ve halkı onlara itaat hususunda gönül birliğine davet etmelidir.

Cemaat olarak da her bir ferdin kendini diğerine sevdirmesi ve fevkalâde her türlü hayrı ona toplaması için, din ve dünyalarına faideli olan şeyleri kendilerine göstermeli, onlara öğretmeli, kusurlarını görmezden gelmeli, onlara eza etmemeli, yardımlarına koşmalı, zararlarını gidermeli, iyiliği emr, kötülüğü nehyetmeli, büyüklerine hürmet, küçüklerine şefkatte bulunmalı, aldatmamalı, hased etmemeli, kendisi için dilediğini onlar için de dilemeli, kötü gördüğünü onlar için de kötü görmeli, onların mallarını, canlarını, ırzlarını, kendi namus ve şerefi gibi müdafaa etmeli, kendilerini bu sayılan şeylerle ahlaklanmaya teşvik etmeli ve taatleri hoşlukla onlara sevdirmelidir. Ve nitekim Cerîr bin Abdullah radıyallâhu Teâlâ anhu diyor ki:

بَايَعْتُ رَسُولَ اللّٰهِ صَلَّى اللّٰهُ عَلَيْهِ وَسَلَّمَ عَلٰى اِقَامِ الصَّلَاةِ وَاِيتَاءِ الزَّكَاةِ وَالنُّصْحِ لِكُلِّ مُسْلِمٍ **"Rasûlullah sallâhu Teâlâ aleyhi ve sellem'e, namazı dosdoğru ta'dîl-i erkan üzere kılmak, zekatı müstehaklarına vermek ve her Müslümana nasihat etmek = yani fevkalâde her türlü hayrı onlara dilemek üzere bey'at ettim."**

İşte görüldüğü gibi ashabın Peygamber sallallâhu Teâlâ aleyhi ve sellem'e bey'at etmeleri hadîsinde, **"her Müslümana nasihat etmek yani fevkalâde her türlü hayrı onlara dilemek"** hasleti ehemmiyetle konu edilmiştir.

İş böyle olunca evvela her bir insan kendi nefsine fevkalâde her hayrı toplamış olmalıdır.

Mesela ihlasla amaç ve inançlarını ivaz ve ğarazdan, nifak ve gösterişten, amelini bozgunluk ve düzensizlikten, ahlakını nefsânî, şeytânî, hayvânî her türlü hile, saldırganlık ve sapkınlıktan arındırmış olmalıdır. Sözünde doğru, alışverişinde dürüst olmuş olmalıdır.

Şayed bir yerde ayağımız kaydıysa, bir hata işledikse nasuh tevbeyle dönmüş olmalıyız. Herhangi bir hayrlı fırsatı kaçırmış isek, mesela namaz ve oruç gibi ibadetleri kazaya bırakmış isek, yeniden ödemiş yani kaza etmiş olmalıyız. Böylece kendimize nasihat edişimizle kalbimizi ibret almaya, ruhumuzu Allah ve O'nun Rasûlü'nü sevmeye karargâh kılmış olmalıyız. Daha da kuvvetimiz varsa, iç duygularımızı müşâhedelere dikip hazırlamış olmalıyız. En azında her bir azamızı kendisine yasaklanan günahtan, mesela kalbimizi ğafletten, dimağımızı İslama aykırı menfî fikirlerden, gözlerimizi harama bakmaktan sakındırmış, dilimizi yalandan korumuş ve zikre alıştırmış olmalıyız. Zira Allah Teâlâ El-İsrâ' Sûresi'nin 36. ayetinde: وَلَا تَقْفُ مَا لَيْسَ لَكَ بِهِ عِلْمٌ إِنَّ السَّمْعَ وَالْبَصَرَ وَالْفُؤَادَ كُلُّ أُولَئِكَ كَانَ عَنْهُ مَسْؤُولًا **"Bilgin olmadığı şeyleri söyleme. Hiç şübhesiz kulak,**

göz, kalb, bunlardan her biri kendisinden sorumludur." buyurmaktadır. Bizler kulak, göz, kalb ve hatta elimizin irâdî hareketlerinden sorumluyuz. Böylece buluğ çağından itibaren geçirmiş olduğumuz ömrümüzde bedenimizi ne ile çürüttüğümüzden, en kapsamlı manasıyla gençliğimizin nimetinden, rızkımızı nereden kazanıp ne gibi yerlerde harcadığımızdan, bilgilerimiz nisbetinde ne gibi işler yaptığımızdan sorumluyuz. Nitekim hadîs-i şerîfte: لَا تَزُولُ

قَدَمَا ابْنِ اٰدَمَ يَوْمَ الْقِيَامَةِ مِنْ عِنْدِ رَبِّهِ حَتّٰى يُسْئَلَ عَنْ

خَمْسٍ عَنْ عُمْرِهِ فِيمَا اَفْنَاهُ وَعَنْ شَبَابِهِ فِيمَا اَبْلَاهُ وَعَنْ

مَالِهِ مِنْ اَيْنَ اكْتَسَبَهُ وَفِيمَا اَنْفَقَهُ وَمَاذَا عَمِلَ بِمَا عَلِمَ

"Allah Teâlâ'nın huzurunda ve kıyamet gününde kul beş şeyden sorulmadıkça ayağı yerinden ayrılmaz: Ömrünü ne ile geçirip çürüttüğünden, gençliğini ne ile tükettiğinden, malını nereden kazanıp ne gibi yerlerde harcadığından, bildiği ile ne gibi amel ettiğinden sorulur." buyrulmaktadır.

Ben ömrümü helal kazanç ve ibadet gibi hayrlarda mı, yoksa şerlerde mi harcıyorum? Onbeş yaş ile kırkbeş yaş arasında şehvet ve ğazab kuvvetlerimin enerjisini helalde mi haramda mı tüketiyorum? Kazandığım malı helalden mi haramdan mı kazanıyorum? Kazandıktan sonra da ne gibi yerlerde harcıyorum? Ayrıca bildiğimle ne amel ediyorum? Bütün bunları iyiden iyiye bilmiş olmalıyım. İşte görüldüğü gibi "**...malını nereden kazanıp ne gibi yerlerde harcadığından...**" buyruldu. Her bir nimetten bir kere sorumluyken kul, kazancı hakkında iki kere sorumlu olmaktadır. Rızkımı nereden kazanıp nerede tükettiğimi her an şuurumda tutmuş olmalı ve sorumlu olduğumu iyiden iyiye bilmiş olmalıyım. İşte bu düşünce, mesuliyet hissi ile ifade edilir. Öyle ise, itikad, ibadet, halkla muamele ve ahlakı ben gücüm nisbetinde öğrenmiş olmalıyım.

Şeyh Ahmed Gümüşhanevi "Levâmiu-l-Ukûl" adlı eserinde şöyle demektedir: "Her Mü'min Allah'ın kitabını, Peygamber'in hadislerini gücü nisbetinde okuyup öğrenmelidir. Allah'ın Zat ve Sıfatlarına alâkadar bilgileri bilmelidir. Çünkü bunu bilmek ilk vaciblerdendir ve ilmin en şereflisi bunlardır." Şu rûhânî hissine dikkat çekerek muşârun ileyh şöyle devam eder: «Akıllıların, Allah Teâlâ'nın huzuruna varmadan evvel kendilerini O'nun Huzuru'nda bulundurup hesaba çekmeleri gerekir.

Çünkü, bu nimetin zevâlinden sonra tedbir imkanı olamaz. Bu sorumluluktan kurtuluşun yolu, her bir iki saatte Mü'minin kendini kontrol etmesidir. Geçen zaman hayrla geçmiş ise hamdeder. Şerle geçmiş ise tevbe ve istiğfar etmelidir. Kurtuluş burada. İşte muhasebe, işte mesuliyet hissini bildiren şu hadîs-i şerîftir:

لَيْسَ يَتَحَسَّرُ اَهْلُ الْجَنَّةِ عَلَى شَيْءٍ اِلاَّ عَلَى سَاعَةٍ مَرَّتْ بِهِمْ وَلَمْ يَذْكُرُوا اللّٰهَ تَعَالَى فِيهَا **"Cennette, zikirsiz geçen saatlerin hasretinden başka ehli cennet hiçbir şeyin hasretini çekmezler."** buyrulmuştur.»

Özellikle Rabb'imin ne gibi şeylerden benden razı olacağını, ne gibi şeyleri yapmam ve terk etmemden benden kızacağını iyiden iyiye bilmiş olmalıyım. Hadîs-i şerîfte: اِنَّ اللّٰهَ يَرْضَى لَكُمْ ثَلاَثًا وَيَسْخَطُ لَكُمْ ثَلاَثًا يَرْضَى لَكُمْ اَنْ تَعْبُدُوهُ وَلاَ تُشْرِكُوا بِهِ شَيْئًا وَاَنْ تَعْتَصِمُوا بِحَبْلِ اللّٰهِ جَمِيعًا وَاَنْ تُنَاصِحُوا مَنْ وَلَّى اللّٰهُ اَمْرَكُمْ وَيَسْخَطُ لَكُمْ قِيلَ وَقَالَ وَكَثْرَةَ السُّؤَالِ وَاِضَاعَةَ الْمَالِ **"Gerçekte Allah Teâlâ sizin üç hasleti yapmanızdan razı olur, üç hasleti yapmanızdan size kızar:**

Hiçbir şey ortak etmeksizin Kendisi'ne hâlis

ibadet yapmanızdan,

Allah Teâlâ'nın o muhkem dînine toptan sarılmanızdan,

Allah Teâlâ'nın sizin başınıza idareci getirdiği kimseye fevkalâde her türlü iyilik yapmanızdan razı olur.

Gerçekte Allah size, "dedi dedim" sözünüzden, başıboş çok soru sormanızdan, mallarınızı sağa sola savurmanızdan kızar." buyrulmaktadır.

El-Bakara Sûresi 2 ve 3. ayetlerindeki هُدًى لِلْمُتَّقِينَ الَّذِينَ يُؤْمِنُونَ بِالْغَيْبِ cümle-i tayyibesi **"Ve Kur'ân-ı Hakîm, takva sahiblerine hassaten doğru yolun ta kendisidir, ki o Mü'minler, hulûs-i kalble ğayba inanırlar."** diye tercüme edildiği gibi, **"...görülmemeleri halinde yani gizlide dahi, inandıkları yani doğruluğuna hüküm ettikleri zikir ve ibadetlerini icra ederler."** diye de tercüme etmek mümkündür. İş böyle olunca birinciye göre hulûs-i kalb kasdedilmiş, ikinciye göre hulûs-i kalble birlikte sıdk ve sadakat de kasdedilmiştir. Yani ihlas ve sadakat, hem imanın, hem ibadetin şartıdır. Çünkü sadakat olmaksızın nifaka, ihlas olmaksızın riya ve gösterişe yol açılır.

Hulûs-i kalble görmeden inanmak, imanın

şartı olunca, bir şeyleri görmeye çalışarak değil, sadece Allah Subhânehu ve Teâlâ'nın zikir ve ibadetler mukâbilini bize vereceğine inanıp dînî tatbîkatlarımı yapmış olmalıyım. Mesela: "Şu kadar salavat okumakla Peygamberimiz'i rüyada görürüm." diye rüyayı veyahud benzer şeyleri amaç edinmemeli, ancak salavât-ı şerîfe ve zikirlerin sevabı vardır, diye inanarak bu işi ivazsız, ğarazsız yapmalıyım. İş bu yapmaklığımdan, O da razı olur.

Çünkü Hakk Subhânehu ve Teâlâ'nın rızası, ihlas ve sadakatle kazanılır. O halde ihlaslı ve sâdık olmalıyım. İvazsız ve ğarazsız hâlis imandan hareketle taat ve ibadetlerimi icra etmeliyim.

Gözle görülmeyen, zâhirî ve bâtınî hislerle dahi bilinmeyen şeylere غَيْب "ğayb" denilir. Allah Subhânehu ve Teâlâ'nın Zât-ı Şerîfi, cennet, cehennem, melekler, insan ruhu gibi şeyler ğaybdır ve ğayba nisbet edilir. Bunlara غَيْبِى "ğaybî" denilir.

Söylemiş olduğumuz söz yahud yapmış olduğumuz hareketlerimiz, Allah Subhânehu ve Teâlâ'nın dînine tıpatıb uyuyorsa, buna ibadet denilir. Eksik ve fazla olmaksızın bütün ibadetlerimi şer'i şerîfin tarifine göre icra etmeliyim.

İbadetin karşılığı ğaybî faidelerdir. Mesela kıldığımız namazdan, müstehaklarına verdiğimiz zekattan, tutmuş olduğumuz oruçtan, hac yapmamızdan, zikir çekmemizden, Kur'ân'ı tilâvet etmemiz = okumamızdan amaçladığımız sevablar, cehennemin azabından kurtuluş, cennet ve nimetlerine ulaşmak gibi şeyler, ğaybî faidelerdir. Her hususta ve her yerde ğaybî faideleri amaçlamalıyım. Rabb'imin emri olduğu için yapıyorum, diye hüküm etmeliyim. Bunun ismi niyettir.

Ne olursa olsun, başlamak zamanında herhangi bir ibadette Allah Teâlâ'nın rızasını kazanmaktan, azabından kurtulmaktan, cennetin nimetlerini kazanmaktan başka şeyi amaçlamaya da şirk ve riya = gösteriş denilir. Mesela: "Namaz kılayım; halk beni sevsin." gibi.

Şu halde herhangi bir ibadete başlayacağım zamanda, doğrusu abdest alırken dahi, kalbimi Rabb'imin rızasını kazanmaktan başka her şeyden temizlemeliyim. Ve ibadetleri ivazsız ğarazsız yapmaya da ihlas denilmektedir. İhlasla başlanılan bir ibadetin yapılışı esnasında gelen vesveseler, şirk ve riya sayılmaz.

Başlamakta böylece yapmayı başardığım

zaman, اَللّٰهُ اَكْبَرُ "**Allâhu Ekber**", سُبْحَانَ اللّٰهِ "**Subhânallah**", اَلْحَمْدُ لِلّٰهِ "**Elhamdu Lillâh**" gibi söylediğim sözler, telaffuz olarak, keyfiyet olarak yani şekil olarak Allah Teâlâ'nın dînine uyuyorsa, bu söylediğim sözlerden yahud hareketlerimle kıldığım namazdan Allah Teâlâ razı olur demektir. Her şeyde, her ibadette Rabb'imizin rızasını amaçlamalıyım. İş bu amacımın adı da niyettir.

İnsan neden korkup ona boyun eğdiğini, neyi sevip ne için söz söylediğini, hareket ettiğini, iyiden iyiye araştırmalıdır: Eğer söylediği söz, yaptığı hareket hakkında dînin emri varsa, bu şirk sayılmaz. Mesela Peygamber'i sevmek, üzerinde salavat okumak, şefaatini ummak, bundan dolayı onu vesile edinmek şirk olmadığı gibi, onun ardınca giden ashabını ve zamanımıza kadar tâbi'lerini sevmek, "Radıyallâhu Teâlâ anhum. Rahmetullâhi Teâlâ aleyhim." demekle anmak da şirk olmaz. Tabiî ki bunlara da ibadet yapılmaz. İbadet yaptığım zamanda bunlara uymalıyım; ibadetimi Allah Teâlâ'ya tahsis etmeliyim. Kula ibadet etmek ayrıdır, kula saygı ayrıdır. Büyüklerime saygı göstermeli, küçüklerime şefkat etmeliyim.

Bir kimseye boyun eğmemde Allah Teâlâ'nın yasağı yoksa ve emri İslam Dîni'ne aykırı değilse, ona boyun eğmemde zarar yoktur, bilakis boyun eğmem gerekir. Mesela anne, baba, hoca, patron, âmir yahud başkanın: "Bir şişe içki bana getir." demesinde boyun eğersem, Allah Teâlâ'dan başkasına boyun eğmişim ve Rabb'imi kızdırmışım demektir.

Bunların emri dîne muvâfık olursa, mesela: "Şu masamı temizle. Sobayı yak. Saati yap..." Hâsılı mübah bütün şeylerde emre itaat mübahtır; sünnetlerde sünnettir; vâciblerde vâcibdir, cihad gibi; farzlarda farzdır, âmirle beraber kafirlerle fiilen savaş gibi. Şu halde herhangi bir işte Allah Teâlâ'nın benim başıma getirdiği kimseye mübahlarda mübah olarak, sünnetlerde sünnet olarak, vâciblerde vâcib olarak boyun eğmeliyim. Ve bu boyun eğme mukabilinde sevabını Allah Teâlâ'dan dilemeliyim. İş bu boyun eğmenin adı itaattir. Burada kula itaatin Allah Teâlâ'ya itaat olduğunu bilmiş olmalıyım.

Allah Teâlâ'nın yasakladığı şeylerden sakınmaya itaat, emrlerini yerine getirmeye de ibadet denilmektedir.

İbadet Allah Teâlâ'ya mahsustur. Ğayri ne

olursa olsun, kim olursa olsun, ibadete müstehak olamaz ve kendisine ibadet edilemez. Zira bir kimseye ibadet etmenin şartı, kendisine ibadet edilen zâtın her şeyi yaratması, her zararı defetmesi, her faideyi dokundurması, her şeyin rızkını vermesidir. Bu vasıflar ise, Rabb'imiz Teâlâ'dan başkasında yoktur.

İtaat, ibadet gibi değildir. Allah Teâlâ'nın dînine muhalif olmayan şeylerde, üst sayılan zevatlara da itaat edilir.

Bunlara itaat, Allah Teâlâ'ya itaattir. Mesela Peygamber'in emr-i şerîflerini yerine getirmek, yasaklarından sakınmak, Allah Teâlâ'ya itaattir. Allah Teâlâ'nın bize baş yaptığı ana babamıza, hocamıza, âmirimize, idarecilerimize boyun eğmemiz itaattir. Bu itaatimiz, hakîkat-i halde Allah Teâlâ'ya, sûreten bunlaradır.

İnsanın gücünün yettiği yani yapabildiği şeylerde bunlardan yardım dilemek meşrû'dur.

İnsanın yapamadığı, mesela yaşatmak, bir zararı defetmek, bir faideyi celbetmek gibi ğaybî olan şeylerde yardım dilemek meşrû' değildir. Zira bunlar Rubûbiyet vasıflarıdır; Allah Teâlâ'ya mahsustur. Bu tür yardımlar sadece Allah Subhânehu ve Teâlâ'dan dilenilir. Ğaybî şeyleri Allah Teâlâ'dan başkasından dilemek dahi şirktir. Bunun için her namazda إِيَّاكَ نَعْبُدُ وَإِيَّاكَ نَسْتَعِينُ yani: Ya Rabbî! **"Bütün ibadetlerimizi San'a tahsis ederiz. Ğaybî olan ve olmayan tüm yardımları da sadece Sen'den dileriz."** diyoruz. إِيَّاكَ نَعْبُدُ وَإِيَّاكَ نَسْتَعِينُ dememle Tevhîde inandığımı ilan etmeliyim. Zira Tevhîd: Âlemi yoktan var etmek, hâlihazırda idare etmek, nizamını korumak, her şeyin fâili olmak gibi Rubûbiyet vasıflarını Allah Teâlâ'ya tahsis etmektir. Bu inanmaya Tevhîd, inanana da muvahhid denilmektedir.

"Ya Şeyh filan, bana, filana şifa ver." sözü büyük bir hatadır. Çünkü bu söz Tevhîdi bozar. "Şeyh beni hidayet etti.", "Şeyhim olmasaydı kafir olurdum." gibi sözler de şirke götürür.

Bu Tür Tevhîdi bozan her türlü tehlikeli söz ve hareketlerden sakınmalıyım.

Bir muvahhid olarak Ulûhiyet ve Rubûbiyet vasıflarının cümlesini Allah Subhânehu ve Teâlâ'ya tahsis etmeliyim.

وَيَسْخَطُ لَكُمْ قِيلَ وَقَالَ وَكَثْرَةَ السُّؤَالِ وَإِضَاعَةَ الْمَالِ

"Gerçekte Allah size, "dedi dedim" sözünüzden, başıboş çok soru sormanızdan, mallarınızı sağa sola savurmanızdan kızar." yani hoş görmez, hoşnut olmaz. Rabb'imi kızdıracağım yerlerden son derece sakınmış olmalıyım.

Mesela: "Feylesoflar şöyle diyorlar, böyle diyorlar.", "Şu adam taksi aldı.", "Şu adam ev yaptı..." gibi şeylerden uzak kalmalıyım.

Böylece gazetelere, günlük hâdiselere ve her havâdise kulak verip bunlarla vakit doldurmaktan Allah Teâlâ hoşnut olmaz. Şu halde vaktimi bunlarla öldürmemeliyim. Söz söyledimse, doğru sözü söylemeliyim. Bir olayı anlattımsa olduğu gibi anlatmalıyım. Kendi hayatımdan bir şeylerden bahsedersem, ifrat ve tefritten sakınmış olmalıyım. Dînî bir meseleyi naklettiğim yahud öğrettiğim takdirde ihtiyacdan fazla izahatta bulunmamalıyım. Meseleyi zabt ve rabtetmeliyim, tekrarlamalıyım. Meseleyi en doğru kitablarda, en mutemed ulemâdan, olduğu gibi, kendi görüşümü katmaksızın net nakletmeliyim. Güzelce Arabî ilmini bilmezsem, Kur'an ve hadîsi mana etmekten sakınmış olmalıyım.

وَاٰتِ ذَا الْقُرْبٰى حَقَّهُ وَالْمِسْكٖينَ وَابْنَ السَّبٖيلِ وَلَا تُبَذِّرْ

تَبْذٖيرًا اِنَّ الْمُبَذِّرٖينَ كَانُوا اِخْوَانَ الشَّيَاطٖينِ وَكَانَ الشَّيْطَانُ

لِرَبِّهٖ كَفُورًا **"Yakın akrabaya, yoksula, yolda kalmışa haklarını ver. Malını İsraf ile saçıp savur-**

ma. Çünkü saçıp savuranlar şeytanların biraderleri olmuşlardır. Şeytan ise Rabb'ine karşı çok nankördür." mealindeki El-İsrâ' Sûresi'nin 26 ve 27.ayet-i kerîmelerinde Allah Teâlâ insanı iki kötü hasletten sakındırmıştır:

Birincisi, birinci ve ikinci göbekte birleşen yakın akrabanın, fakir ve miskinlerin, yolcuların, elde mevcud olan nimetten mahrum bırakılmasını yasaklamıştır. Bir Müslümanın yakın akrabasına infak etmesi, fakir oldukları takdirde farz, ihtiyacsız oldukları takdirde sünnet veya müstehabdır. Nisaba mâlik olduğu takdirde, malının cinsine göre bunlardan başkasına zekat vermesi farz olur. Bunda tutumluluk haram olduğu gibi, ma'siyet olabilecek yerlerde de malı zayi etmek haram olur.

İkincisi, meşrû' olmayan yerlerde haksız yere malı savurmayı yasaklamıştır. Haksız yere mal harcamak, israf ve tebzirdir.

Her iki haslet birdir. Her ikisi de hırs ve ihtirasın semeresidir. Bu itibarla Allah Teâlâ yukardaki ayet-i kerîmelerde, şeytanın huyu olan meşrû' yerlerde malı harcamamayı, meşrû olmayan yerde harcamayı haram kılmıştır. Binaenaleyh yakın akrabalarımı, sonra komşularımı elimdeki nimetten faidelendirmiş olmalıyım. İsraf ve tebzirden son derece sakınmış olmalıyım. Cimriliğe girmemeliyim.

Cimrilikle israfın ortası, cömerdlik ve iktisad olur.

Bu itibarla iktisad, şer'î iznin olduğu yerlerde ihtiyacları tesbit etmek ve ihtiyac nisbetinde malı tutmak veyahud harcamaktır, diye tarif edilir. Bu ortayı bulabilmek, şer'î hükümleri bilmeye bağlanmaktadır. Kazanma ve harcama hususunda şer'î hükümleri iyiden iyiye öğrenmiş olmalıyım.

Şer'î izin olduğu yerde malın tutulması veyahud da harcanması meşrû' olur. İzni dışında tutmak veyahud harcamak ğayri meşrû' ve haram olur. Zira malı israf etmek, cimrilik gibi yıkıcı bir davranıştır. Bir haram işlemekte harcanılan bir lira israftır. Hâcet-i asliyenin dışında hayr cihetine vermek, mesela camiye, köprüye, fakirlere bin lira harcamak israf değildir.

Günlük harcamalarımda kendi ihtiyacımı tesbit etmeliyim, bütçeme göre hududlandırmalıyım ve ona göre harcamalıyım. Borca girmekten sakınmalıyım. Ağır borç yani verilmesinde zorluk çekilen borçlardan, daha fazla sakınmalıyım. Rahatlıkla verebileceksem, zarûrî işlerde ihtiyac kadar borç almak câizdir. Ölçüyü kaçırmamalıyım.

Borçlu iken sadaka vermek câiz değildir. Karşılığını bulamayan borçlunun, malı yoktur ki sadakası olsun. Ödemelerini vaktinde yapması farzdır veyahud vacibdir; vaktinden tehir etmesi haramdır. Bu tür haramlardan sakınmalıyım. Herhangi bir hayrı işlemek için, herhangi bir haram işlenilmez. Hâsılı harcayacağımı nereden kazandığım, nereye harcayacağım hakkında dînimin hükmünü her şeyden evvel öğrenmiş olmalıyım ve tatbik etmeliyim. Aksi takdirde türlü belaların tolusuna yakalanmış olurum. Allah Teâlâ bundan korusun.

Verecekli olduğum zaman, vaktinde ödemelerimi yapmış olmalıyım. Alacaklı olduğum zaman cömerdlik yapmalıyım; ödemesini itiraf ettiği halde borcunun tehirini isteyene tehir etmeliyim. Muhtac bir verecekliye vakit vermenin vâcib olduğunu unutmamalıyım. Çok zaif olanlara bağışlamamın büyük bir sadaka olduğunu bilmeliyim.

Borcunu inkar eden yahud hilesi tesbit edilen bir kimseye cömerdlik yapılmaz. Halkı bu kötü haslete sevk etmemeliyim, doğrusu alıştırmamalıyım. Zaif tarafımı bilip de fırsatı kullanıp beni harcamak isteyen kimseyi de tanımış olmalıyım; ona borç vermekten sakınmış olmalıyım.

Zararsız zaifleri kucaklamamın, onlara yedirmemin, onlara yardım etmemin, İslam Dînine mahsus bir şiar olduğunu bilmeliyim. Rahatlıkla bu işi yapmalıyım, yaptığıma da sevinmeliyim. Halka yahud Mü'min kardeşime yapmış olduğum bir iyiliğin karşılığını Allah Teâlâ'dan beklemeliyim. Ve yapmış olduğum iyiliği dimağımdan silip unutmalıyım, başkasına aslâ söylememeliyim.

Bütün iyilikler Allah için yapılır, bütün sadakalar gizli verilir, farz zekat müstesna. Verdiği sadakayı başkasına söyleyenin, kusuntusuna dönmüş gibi olduğunu bilmeliyim. Teşvik yahud talim için, sır saklayan kâmil insanlara söylemekte zarar yoktur. Hadîs-i şerîfte: اَلبِرُّ لاَ يَبْلَى وَالذَّنْبُ لاَ يُنْسَى وَالدَّيَّانُ لاَ يَمُوتُ اِعْمَلْ مَا شِئْتَ كَمَا تُدِينُ تُدَانُ **"Hayr ve iyilik çürümez, günah unutulmaz, gizlilikleri bilen Allah Teâlâ da ölmez. Öyle ise istediğini işle. İşlediğin gibi mükafatlanır veyahud cezalanırsın."** buyrulmaktadır. İşte en büyük düsturumuz. Vicdanlarımızı, bizi hayra ileten Allah Teâlâ'ya, emellerimizi hayrlı işleri yapmaya bağlamış olmalıyız. His olarak, niyet olarak, ahlak olarak bunda sebat etmeli ve hayrlı hislerimizi, duygularımızı fiile geçirmiş olmalıyız. Ğayemiz evvela Müslüman bir insan olmak ve iyi insanları yetiştirmektir. Buna çalışmış olmalıyız.

Binnetice her anda gerek Rabb'imize karşı, gerekse Mü'minlere karşı, hatta bütün insanlara karşı sorumlu olduğumuzun şuurunda olmalıyız. Rasûlullah sallallâhu Teâlâ aleyhi ve sellem'in: يَا اَيُّهَا النَّاسُ اِنَّ اللّٰهَ طَيِّبٌ لاَ يَقْبَلُ اِلاَّ طَيِّبًا

وَاِنَّ اللّٰهَ اَمَرَ الْمُؤْمِنِينَ بِمَا اَمَرَ بِهِ الْمُرْسَلِينَ فَقَالَ {يَا اَيُّهَا

الرُّسُلُ كُلُوا مِنَ الطَّيِّبَاتِ وَاعْمَلُوا صَالِحًا اِنِّى بِمَا تَعْمَلُونَ

عَلِيمٌ} وَقَالَ {يَا اَيُّهَا الَّذِينَ اٰمَنُوا كُلُوا مِنْ طَيِّبَاتِ مَا

رَزَقْنَاكُمْ} ثُمَّ ذَكَرَ الرَّجُلَ يُطِيلُ السَّفَرَ اَشْعَثَ اَغْبَرَ يَمُدُّ

يَدَيْهِ اِلَى السَّمَاءِ يَا رَبِّ يَا رَبِّ وَمَطْعَمُهُ حَرَامٌ وَمَشْرَبُهُ

حَرَامٌ وَمَلْبَسُهُ حَرَامٌ وَغُذِىَ بِالْحَرَامِ فَاَنَّى يُسْتَجَابُ لِذَالِكَ

"Ey insanlar! Şübhesiz Allah Teâlâ bütün noksan sıfatlardan pak ve münezzehtir. Hoş ve helalden başkasını kabul etmez. Gerçekte Allah Teâlâ Mü'minlere de, rasullere emrettiği şeyleri emrederek: {Ey rasuller! Hâlis helal olan şeylerden yiyin; ve salih amel işleyin. Gerçekte

Ben işlediğiniz amelleri hakkıyla biliciyim.} buyurmuştur. Ve yine: {Ey iman edenler! Size rızk olarak verdiğimiz helal ve hoş olandan kazanıp yiyiniz.} buyurmuştur. Bundan sonra adam hayrlı uzun sefere çıkar da, saçları dağılmış, toz toprağa bulanmış olduğu halde ellerini semâya kaldırır: "Ya Rabb! Ya Rabb!" diye dua eder. Halbuki yediği haram, içtiği haram, giydiği haram, hâsılı kendisi haramdan beslenmiş. Artık böylesine nerede icabet olunur?!." buyurduğu düsturunu her anda göz önünde bulundurmalıyız. İmkan derecesinde helalden kazanmış olmalıyız. Dînimizin izni olduğu yerlere imkan derecesinde harcamış olmalıyız. Peygamberimiz Hazreti Mustafa sallallâhu Teâlâ aleyhi ve sellem: يَاْتِى عَلَى النَّاسِ زَمَانٌ لَا يُبَالِى الْمَرْءُ مَا اَخَذَ مِنْهُ اَمِنَ الْحَلَالِ اَمِنَ الْحَرَامِ **İnsanlar üzerine öyle bir zaman gelir ki, kişi, helalde mi haramda mı aldığını umursamaz."** buyurmaktadır. Şübhesiz Peygamber'in âlî maksadı, sadece ğaybî şeyleri bildirmesi değildir. Bu tür hadîs-i şerîfler, liderin nazar-ı itibara almış olduğu tehlikelerden tâbi'lerini sakındırması, birlikte yol göstermesi manasında tahzîr kabilindendir. Yani: Ğâfil insanların kendilerince bir yol tutturup gittikleri, helal harama dikkat etmedikleri son zamanda sakın siz ğaflete düşmeyin; hâlis helalden kazanın ve kazandığınızı dînin izni olduğu yerlere harcayın, demek istemiştir. Şu halde ben dînimle ve Müslümanlık vasfımla sorumlu olduğumu bilmekle ğarîb olmalıyım ve Peygamber'e karîb = yakın akraba gibi olmalıyım. Zira bir hadîs-i şerîfte: كُلُّكُمْ رَاعٍ وَكُلُّكُمْ مَسْؤُولٌ عَنْ رَعِيَّتِهِ فَالاَمِيرُ الَّذِى عَلَى النَّاسِ رَاعٍ وَهُوَ مَسْؤُولٌ عَنْ رَعِيَّتِهِ وَالرَّجُلُ رَاعٍ عَلَى اَهْلِ بَيْتِهِ وَهُوَ مَسْؤُولٌ عَنْ رَعِيَّتِهِ وَالْمَرْاَةُ رَاعِيَةٌ عَلَى بَيْتِ زَوْجِهَا وَوَلَدِهِ وَهِىَ مَسْؤُولَةٌ عَنْهُمْ وَعَبْدُ الرَّجُلِ رَاعٍ عَلَى مَالِ سَيِّدِهِ وَهُوَ مَسْؤُولٌ عَنْهُ اَلاَ كُلُّكُمْ رَاعٍ وَكُلُّكُمْ مَسْؤُولٌ عَنْ رَعِيَّتِهِ

"Hepiniz çobansınız. Hepiniz reâyâ = sürünüzden = idareniz altında olan can ve maldan sorumlusunuz. Binaenaleyh insanların işinin başına gelen büyük âmir = imam = halîfe, çobandır; ve o reâyâsından sorumludur. Her adam, iyâli üzerine çobandır; o da reâyâsından = iyal ferdlerinden sorumludur. Kadın, kocasının evi ve kocasının çocukları üzerine çobandır; o da onlardan sorumludur. Adamın kölesi = işçisi, memuru, efendisinin malı üzerine çobandır; o da ondan sorumludur. Dikkat edin! Hepiniz çobansınız ve hepiniz reâyânızdan sorumlusu-

nuz.” diye buyrulmaktadır. Her an sorumlu olduğumun şuurunda olmalıyım. Diğer bir hadîs-i şerîfte: إِنَّ أَوْلِيَائِى مِنْكُمُ الْمُتَّقُونَ فَإِنْ كُنْتُمْ أُولٰئِكَ فَذَاكَ وَإِلاَّ فَانْظُرُوا لاَ يَأْتِى النَّاسُ بِالأَعْمَالِ يَوْمَ الْقِيَامَةِ وَتَأْتُونَ بِالأَثْقَالِ فَيُعْرَضُ عَنْكُمْ **“Gerçekte hâlis dostlarım, sizden takvâ sahibi olanlardır; eğer siz, o takva sahibi olanlar iseniz, bu ne güzel! Aksi takdirde iyiden iyiye düşünün: İnsanlar kıyamet gününde amelleriyle gelir, sizler de ağır yüklerle gelirsiniz ve bu sebebden sizden yüz çevrilecektir = çevrilmesin.”** buyrulmaktadır. İnsanlar kıyamet gününde:

a-Ehli Beyt gibi şefaat sebebiyle yahud şefaatsiz mağfiret edilen,

b-Amma uzun müddet, amma müebbed kendilerinden yüz çevrilen = lütuf ve merhamet kapısı kapatılan olmak üzere iki fırkaya ayrılacaktır. Birinci fırkada olmaya çalışmakla ğarîb olmalıyım, Peygamber'e karîb = yakın akraba gibi olmalıyım. Vesselâmu aleykum ve rahmetullah.

وَالْحَمْدُ لِلّٰهِ رَبِّ الْعَالَمِينَ أَوَّلاً وَاٰخِرًا
وَالصَّلاَةُ وَالسَّلاَمُ عَلَى رَسُولِهِ وَعَلَى اٰلِهِ وَصَحْبِهِ أَجْمَعِينَ
إِلَى يَوْمِ الدِّينِ